MEIN WUT-KRITZELBUCH

AF202612

Gebrauchsanleitung

1. Dies ist dein ganz persönliches Wut-Kritzelbuch, das du immer dann hervorholen kannst, wenn du so richtig wütend bist.

2. In deinem Wut-Kritzelbuch kannst du natürlich auch blättern, wenn du mal nicht wütend bist, und dann bestaunen, was du so alles gemalt, gekritzelt und geschrieben hast, als du richtig wütend gewesen bist.

3. Denk immer daran: Es ist o.k. hin und wieder wütend zu sein, wenn du mit deiner Wut niemandem schadest oder wehtust.

Von welcher Wut bist du gerade befallen? Kreuze deine
Wutmonster an und male die Wutmonster aus.

Bärenwut ☐

Tanzwut ☐

Schreibwut ☐

Bastelwut ☐

Sammelwut ☐

Riesenwut ☐

Zerstörungswut ☐

Brüllwut ☐

Spielwut ☐

Lesewut ☐

Wie siehst du aus, wenn du megamäßig wütend bist? Kritzle in den Bilderrahmen dein schrecklichstes Wutgesicht.

Wut rauslassen:
Wutball

Dazu brauchst du: 2 Luftballons, Reis, ein kleines Röhrchen oder einen Trichter

Fülle mithilfe des Trichters einen Ballon mit Reis, bis dieser prall gefüllt ist. Das Halsstück des Ballons darf nicht gefüllt werden. Dann wird der Ballonhals abgeschnitten. Nun schneidet man von dem zweiten Ballon den Hals ab und stülpt ihn über den gefüllten Ballon. Das muss so geschehen, dass die Öffnung des gefüllten Ballons abgedeckt ist. Fertig ist dein Wutball. Wenn du magst, male noch ein Gesicht darauf. Den Wutball kannst du dann gegen die Wand werfen, darauf herumkneten, ihn auf den Boden werfen oder ihm deinen Ärger erzählen! Viel Spaß mit deinem Wutball!

Male ein Kritzelbild
zur Redewendung:

„schäumen vor Wut"

Bilde aus Wörtern, die mit Wut zu tun haben, eine Wortkette. Das nachfolgende Wort muss dabei mit dem letzten Buchstaben des vorherigen Wortes beginnen. Hier ein paar Beispiele: „Wut" – „toben" – „Nervtöter" – „Rindvieh"... Alles klar? Dann bist du jetzt dran.

Wut – toben – Nervtöter

Falls deine Familie oder deine Freunde nicht begriffen haben, wie wütend du bist, dann setze dir eine Wutmaske auf.
An deiner Wutmaske befestigst du ein Gummiband, sodass du sie gut aufsetzen kannst.

Dies ist die Rückseite der Wutmaske. Du kannst die Vorlage hier natürlich auch selbst gestalten.

Kritzle auf diese Seite ganz viele Wutmännchen.

Zeichne die Menschen, die dich schon einmal wütend gemacht haben, und schreibe ihren Namen unter das Bild.

Knicke diese Seite so oft zusammen, bis deine Wut nachlässt. Danach versuche, das Blatt wieder glatt zu streichen.

Was denkst du, wenn du wütend bist?

Was hilft dir, deine Wut abzureagieren? Male es hier in diesen Koffer!

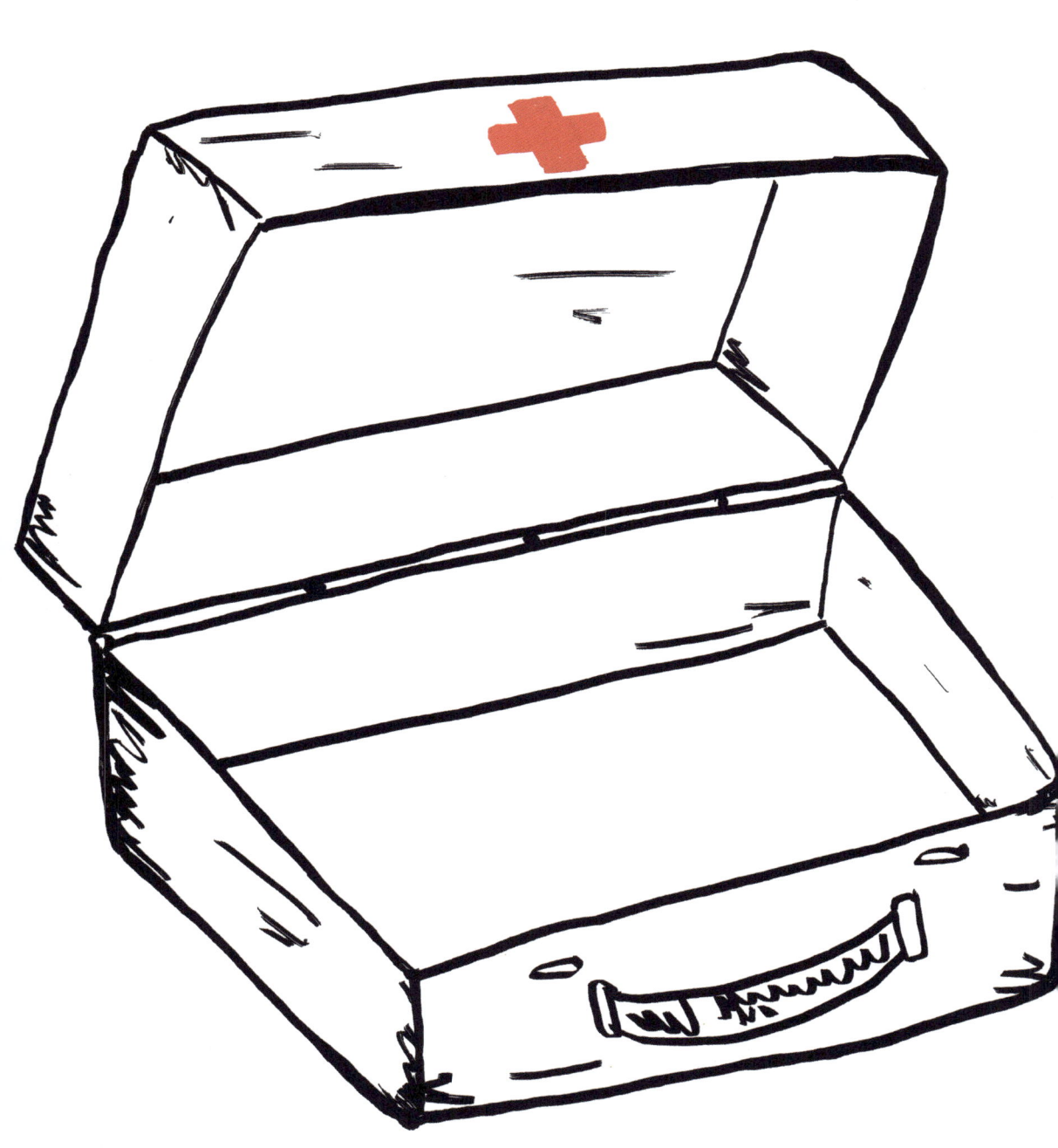

Nimm einen Stein und zeichne ein Wutmonster darauf. Den Wutstein vergräbst du dann entweder in eurem Garten tief in der Erde oder auf einem Spielplatz im Sandkasten.

Wenn Mama wütend ist, sieht sie so aus.

Welche Farbe hat deine Wut? Oder hat deine Wut gleich mehrere Farben? Male die Farbmonster in deinen Wutfarben aus.

Wut segeln lassen: Schiffchen

Schreib deine Wut auf einen Zettel. Aus diesem Zettel bastle ein Schiffchen und lass es dann im Wasser davonsegeln (Waschbecken, Badewanne, Gartenteich, Regentonne ...).

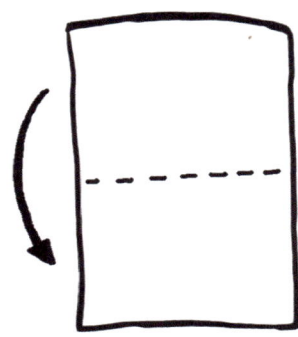

1. Blatt quer falten (Öffnung ist unten)

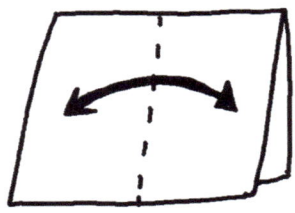

2. Blatt noch mal falten und wieder öffnen

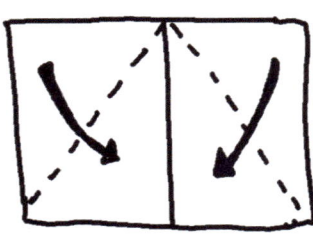

3. Obere Ecken zur Mitte falten

4. Untere Kante auf beiden Seiten nach oben falten

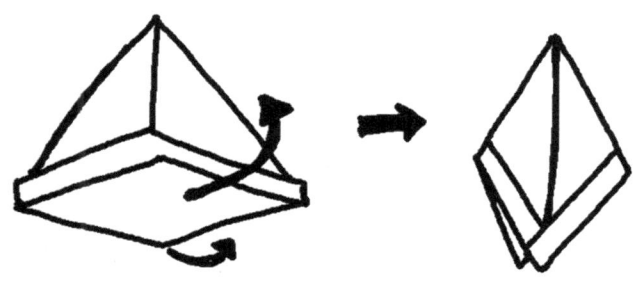

5. Mit den Fingern in die Öffnung fassen und auf-klappen   Ecken übereinan-derlegen

6. Auf beiden Seiten die untere Spitze nach oben falten

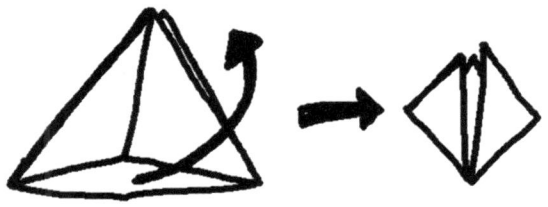

7. Schritt 5 wiederholen

8. Jeweils mit Daumen und Zeigefinger eine der Spitzen greifen und auseinanderziehen

9. Noch etwas zurecht-falten. Fertig!

Wie viele Monster findest du auf dieser Seite?
Viel Spaß beim Zählen!

Füttere das Wutmonster mit dem, was du gerne ver-
schwinden lassen würdest!

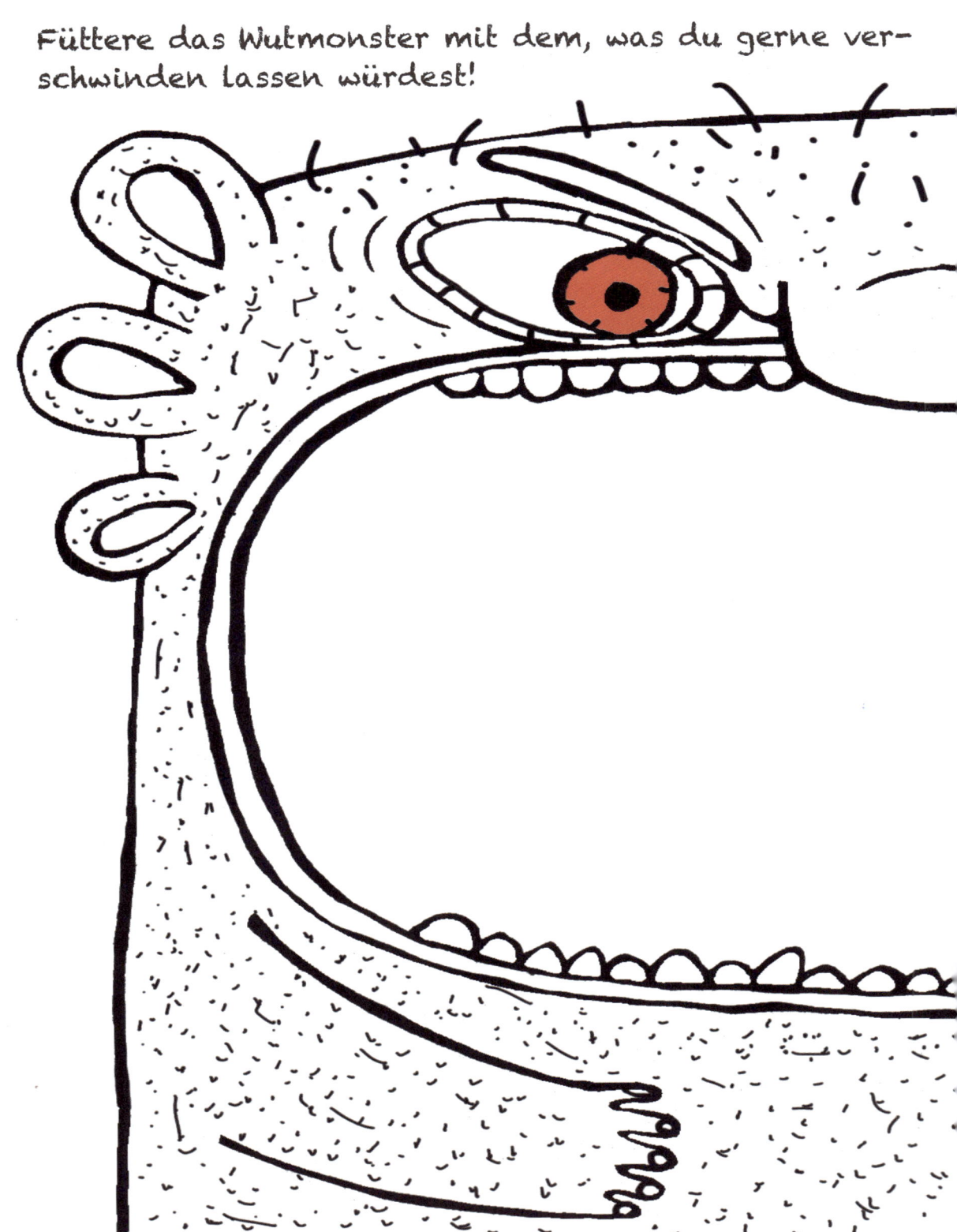

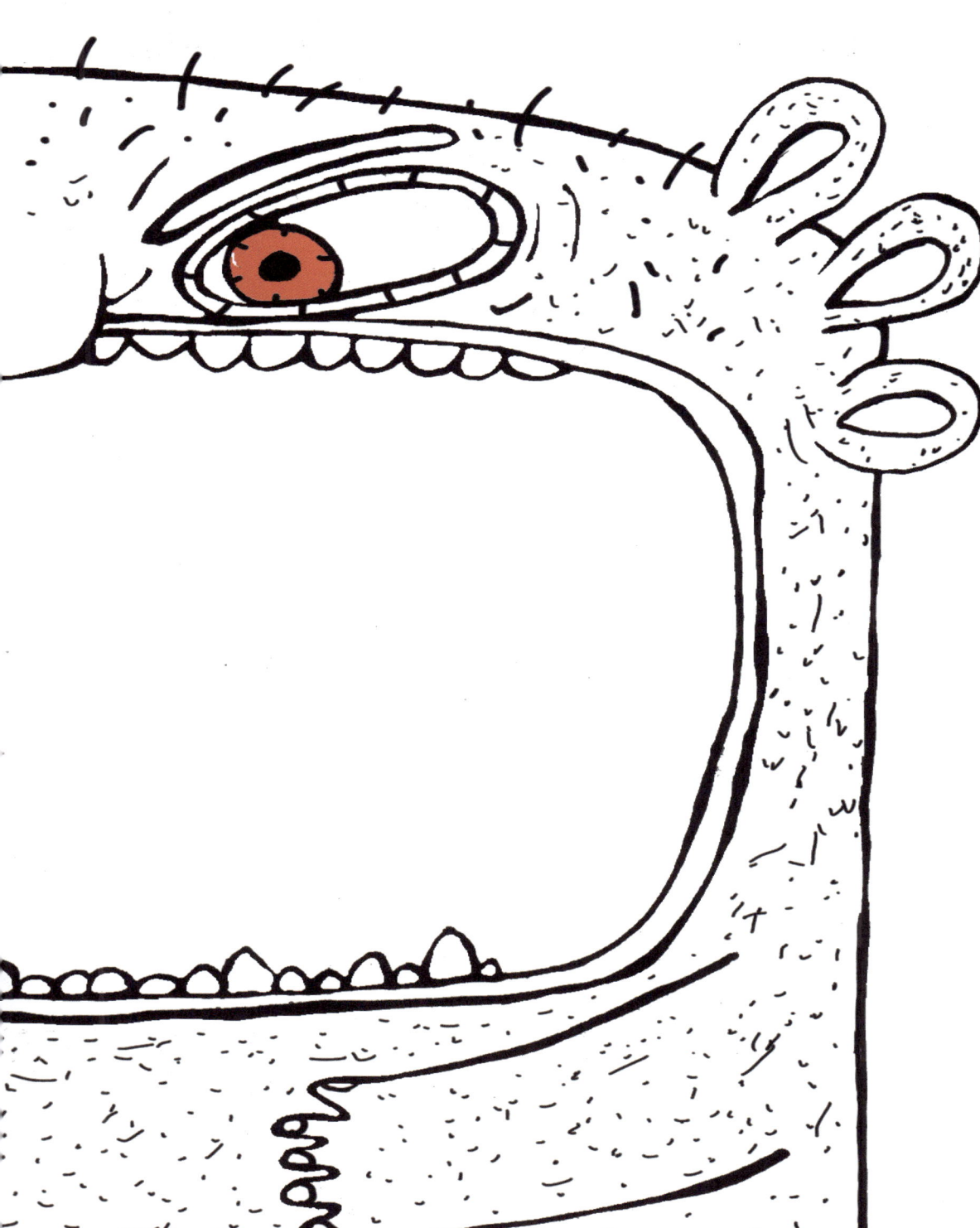

Schreibe hier einen Brief an den Menschen, der dich so richtig wütend gemacht hat. Schreibe auf, was du ihm gerne sagen würdest. Aber schicke diesen Brief niemals ab!

Wut rauslassen:
Luftballons platzen lassen

Blase ganz viele (fünf bis zehn) Luftballons ganz fest auf. Danach lässt du die Luftballons alle hintereinander laut platzen, indem du darauftrittst.

Hier kannst du aus den Fingerabdrücken wunderbar wütende Monster zeichnen.

Wie wütend fühlst du dich gerade?
Male die Messlatte aus und kreuze an.

☐ megawütend

☐ tierisch wütend

☐ extrem wütend

☐ super wütend

☐ ziemlich wütend

☐ ganz schön wütend

Wenn Papa wütend ist, sieht er so aus.

Überlege dir, mit welchen ein- oder mehrsilbigen Wörtern du deine Wut ausdrücken kannst. Welche fallen dir ein?

zisch, krixmix, happ

Schreibe deine Wut aus dir heraus, so als würdest du lauthals schreien.

ätzend, beschissen, bescheuert

Schreibe in die Sprechblasen, was dir die wilden Wutmonster zurufen.

schmierige Sumpfkartoffel

Welches der Gesichter ist ein Wutgesicht? Kreise die Wutgesichter ein.

Dein Wut-Türschild

Verwende entweder die Vorlage oder zeichne selbst ein Türschild auf, das du dann ausschneiden, bemalen, bekleben und aufhängen kannst.

Ein paar Ideen, was auf deinem Wut-Türschild stehen könnte:

- Heraus!
- Nicht stören!
- Ich will meine Ruhe!
- Ich bin nicht da!
- Ich habe Besuch!
- Ich bin gereizt!
- Was willst du?
- Komm bloß nicht rein!
- Was auch immer du willst, NEIN!

Rückseite:
Wut-Türschild

Entweder die Vorlage verwenden oder selbst eine zeichnen, ausschneiden, bemalen, bekleben und aufhängen.

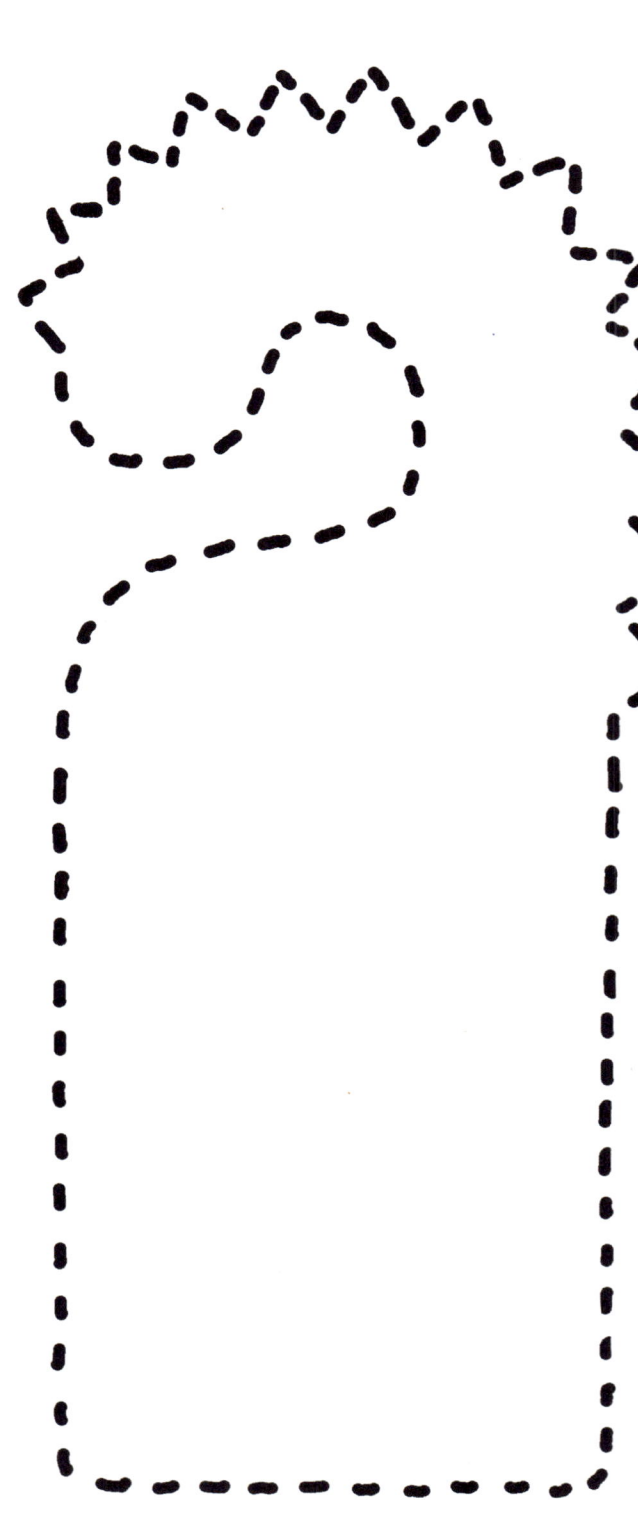

Gib den Wutmonstern Namen!

Wut fliegen lassen: Papierflieger

Schreib deine Wut auf einen Zettel. Aus diesem Zettel bastle einen Papierflieger und lass ihn dann aus deinem Fenster fliegen.

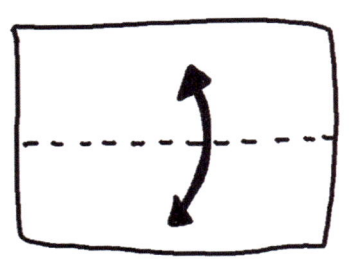

1. Blatt in der Mitte zusammen- und wieder auseinanderfalten

2. Die vorderen Ecken nach innen falten

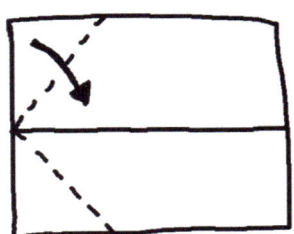

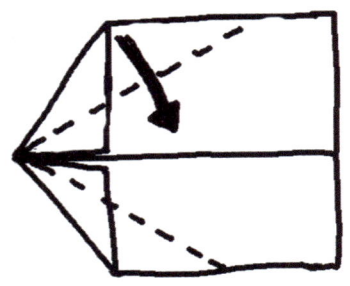

3. Nochmals die Seiten nach innen falten

4. In der Mitte zusammenlegen, sodass die Faltungen innen liegen

5. Parallel zur Unterkante (ca. 2 cm breite Bahn) die Flügel nach unten falten

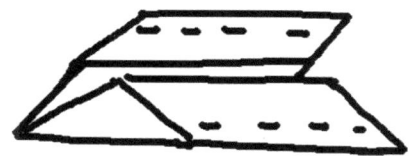

6. Eventuell die Tragflächen am Rand nach oben biegen — aber ganz exakt gleich breit links und rechts, sonst fliegt der Flieger nicht gerade!

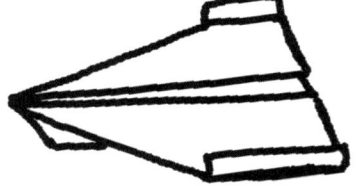

7. Noch etwas zurechtfalten. Fertig!

Kritzle einen Sturm, der deine Wut wegweht!

Du hast dich ja jetzt ganz prima abreagiert. Komm nun für einen Moment zur Ruhe. Setz dich bequem hin und atme tief ein und aus. Konzentriere dich auf etwas Schönes.

Nun male hier hin, an was du Schönes gedacht hast, und vielleicht spürst du, dass deine Wut so gut wie weg ist. Falls nicht, fang noch mal von vorne an.

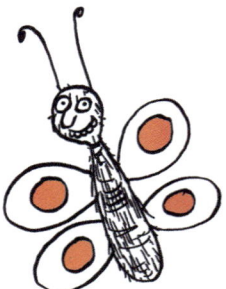

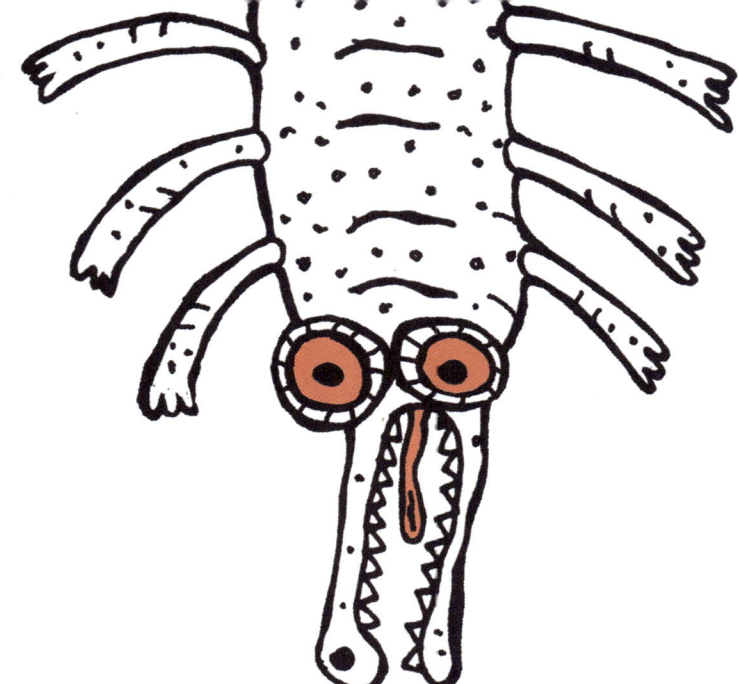

Besuchen Sie uns im Internet: www.pattloch.de

© 2015 Pattloch Verlag. Ein Imprint der Verlagsgruppe Droemer Knaur GmbH & Co. KG

Maria-Luiko-Straße 54, 80636 München

Alle Rechte vorbehalten. Das Werk darf – auch teilweise – nur mit Genehmigung des Verlags wiedergegeben werden. Die Nutzung unserer Werke für Text- und Data-Mining im Sinne von § 44b UrhG behalten wir uns explizit vor.

Illustrationen: Julia Dudenko

Lektorat: Silke Bromm, Pattloch Verlag

Gesamtherstellung: AZ Druck und Datentechnik GmbH, Kempten

ISBN 978-3-629-14172-9.

Gesamtherstellung: AZ Druck und Datentechnik GmbH, Kempten

Kontaktadresse nach EU-Produktsicherheitsverordnung:

produktsicherheit@droemer-knaur.de

18 17 16 15 14

FSC
www.fsc.org

MIX
Papier | Fördert
gute Waldnutzung
FSC® C008457